J'apprends à m'occuper d'un CHATON

MARABOUT

58 rue Jean Bleuzen - 92178 Vanves Cedex

Publié pour la première fois au Royaume-Uni sous le titre *How To Look After Your Kitten*
en 2015 par Wide Eyed Editions - Aurum Press
74-77 White Lion Street, Londres N1 9PF
www.aurumpress.co.uk

Textes : © Helen Piers, 2015
Illustrations : Kate Sutton
Graphisme : Nicola Price
Traduction française : Cécile Giroldi
Édition : Odile Raoul
Mise en pages : Frédéric Voisin
Relecture : Sabrina Bendersky

Achevé d'imprimer en Chine en novembre 2015
ISBN : 978-2-501-11290-1
38.0773.3/01
Dépôt légal : mars 2016

SOMMAIRE

AVOIR UN CHAT

Depuis au moins quatre siècles, les hommes ont introduit des chats dans leurs maisons, probablement pour qu'ils chassent souris et rats.

Aujourd'hui, la plupart des chats sont des animaux de compagnie. Leur entretien n'est pas onéreux et ils sont très propres ; ils passent même des heures à faire leur toilette. Ils sont très indépendants et n'obéissent pas aux ordres comme les chiens. Il est impossible de leur apprendre des tours ou de les promener.

Cependant, ce sont de formidables compagnons. Tu peux laisser ton chat sortir, il retrouvera toujours son chemin, se donnera du mal pour rechercher ta compagnie et te rendra toute l'affection que tu lui portes. Les chats ne demandent qu'à être caressés et câlinés, et font part de leur satisfaction en ronronnant.

VOICI CE QU'IL FAUT SAVOIR AVANT D'ADOPTER UN CHATON...

Combien coûte l'entretien d'un chat ?

Pas très cher. Cependant, il faut acheter de la nourriture, de la litière pour le bac où ton chat fera ses besoins et prévoir des visites chez le vétérinaire, notamment pour le faire vacciner.

Un chat a-t-il besoin de beaucoup de soins ?

Tu devras le nourrir deux fois par jour et changer sa litière quotidiennement. Les chats à poil long nécessitent de fréquents toilettages. Ton chat peut rester seul en ton absence, mais ne le laisse pas se débrouiller seul quand tu es en vacances. Mets-le dans une pension pour chats ou demande à un ami de venir deux fois par jour le nourrir et changer sa litière.

Peut-on être allergique aux chats ?

Oui. Leurs poils provoquent fièvre, asthme ou éruptions cutanées chez certains qui supportent mal de vivre avec un chat.

Peut-on garder un chat à l'intérieur ?

Si tu n'as pas de jardin, choisis bien ton chat. La plupart des chats ont besoin de sortir se promener, mais certains sont très casaniers.

LE CHATON QU'IL TE FAUT

Il est important de choisir le chat idéal pour toi et ta famille. Ainsi, si tu n'as pas beaucoup de temps à consacrer à son toilettage, évite de prendre un chat à poil long.

Un chat ou un chaton ?

En général, chatons et chats font de formidables compagnons. Les chatons sont mignons et amusants. Tu leur apprendras facilement à être propres si tu commences assez tôt. Néanmoins, ils donnent aussi beaucoup de travail et il faudra les protéger des dangers de la maison. Avec un chat adulte, on sait tout de suite à quoi s'attendre. En outre, beaucoup sont abandonnés et n'aspirent qu'à retrouver un foyer. L'adoption présente toutefois des inconvénients : un chat adulte peut avoir un comportement difficile à corriger, comme ne pas savoir se servir d'un bac à litière. Mais un bon refuge devrait te faire part des éventuels problèmes.

Mâle ou femelle ?

Les chats comme les chattes sont affectueux. Les femelles sont plus sédentaires. Les mâles, eux, aiment vagabonder et peuvent disparaître plusieurs jours pour s'accoupler. Si tu fais stériliser ton chat (voir page 30), mâles et femelles ne seront pas très différents.

Chat de race ou chat de gouttière ?

Les chats de race ou chats à pedigree ont des ancêtres de même race. Plus chers que les bâtards, ils sont souvent plus demandés par les personnes qui apprécient l'apparence et le caractère d'une race en particulier.

Le chat de gouttière vient de plusieurs races. Ses ancêtres sont souvent inconnus, sauf sa mère. Les chats de gouttière sont préférés aux chats de race. Intelligents et indépendants, ils sont aussi plus robustes.

À poil long ou à poil court ?

Les chats à poil long sont très beaux mais nécessitent de fréquents toilettages.

LES DIFFÉRENTES RACES DE CHATS

Il existe plus de 80 races de chats différentes.
Voici les plus populaires...

Burmese

Chat au poil court et lustré, athlétique, courageux et turbulent.

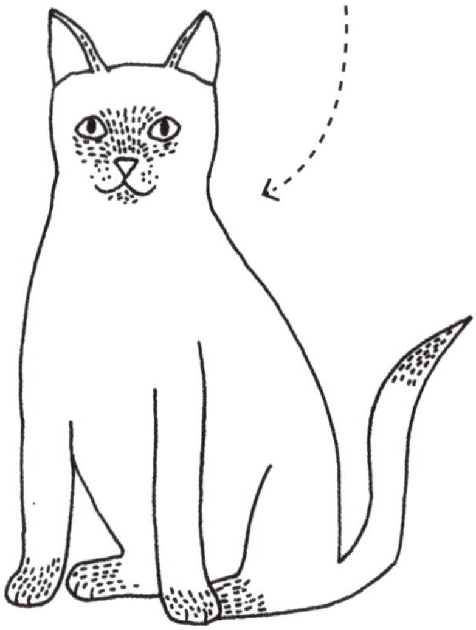

Persan

Chat au poil long, gentil, calme, affectueux et doté d'une voix douce et musicale.

Siamois

Chat à poil court, avec face, oreilles, pattes et queue noires et aux yeux bleus. Très bavard, il a une forte personnalité.

Birman

Chat à poil long, très actif et joueur, gentil, peut être dressé. Il naît blanc puis les marques de son pelage apparaissent.

Ragdoll

Chat à poil long, grand, affectueux et calme. Il devient mou et informe si on le porte.

British shorthair

Grand chat, affectueux et câlin : l'idéal dans une famille.

American shorthair

Chat affectueux et joueur, robuste et vigoureux.

ÊTRE PRÊT POUR TON CHATON

Voici quelques éléments auxquels tu dois penser pour que ton chaton se sente bien chez toi.

Panier

Tu peux l'acheter ou en fabriquer un avec un vieux carton tapissé de journal. Place-le dans un endroit chaud, calme et abrité des courants d'air. Mets-y un vieux sweat-shirt : ton odeur réconfortera ton chaton.

Gamelle et bol d'eau

Ils doivent être en acier inoxydable ou en terre cuite. Tu dois les laver chaque jour.

Bac à litière, litière et pelle

Dans le bac à litière, il fera ses besoins (voir page 19). Veille à ce qu'il reste propre en le nettoyant une fois par semaine avec du savon et de l'eau. Les chats n'aiment pas les bacs sales et malodorants.

Cage de transport

Cette cage sera pratique pour l'amener à la maison, puis chez le vétérinaire ou ailleurs. Essaie de l'habituer à voyager dedans dès son plus jeune âge.
Si tu ne l'y mets que pour aller chez le vétérinaire, il risque d'en avoir peur !

Accessoires de toilettage

Il faut toiletter au quotidien le chat à poil long.

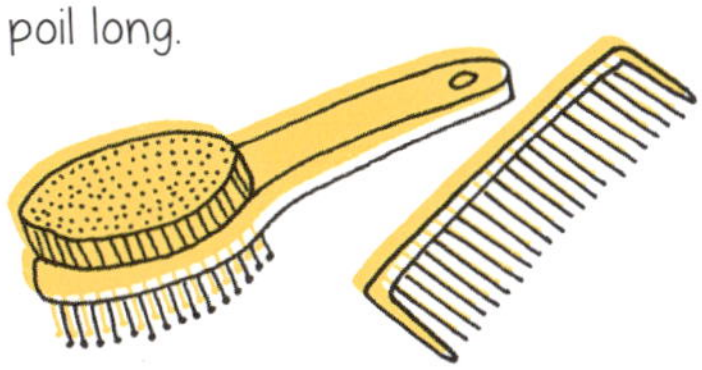

Jouets

Ton chaton les adorera.
Jouer l'aide à rester en forme et à se développer.

LES PRÉCAUTIONS À PRENDRE À LA MAISON

Les chatons découvrent les objets en les mâchant et ne sentent pas toujours ce qui peut être dangereux. Veille donc à sécuriser autant que possible ta maison.

- Mets tous les produits dangereux (de nettoyage, médicaments et poisons) dans un placard fermé.
- Ferme toutes les fenêtres et les portes (ne laisse pas ton chaton sortir durant les premiers mois).
- Ferme les poubelles de la cuisine et de la salle de bains.
- Rabats l'abattant des toilettes pour que ton chaton n'y tombe pas.
- Ferme la porte du réfrigérateur, du four, du micro-ondes, de la machine à laver et du sèche-linge, sinon il pourrait s'y glisser.
- Enlève fils électriques et câbles apparents qu'il mâcherait. Vérifie qu'il ne peut pas grimper dans un conduit de cheminée.
- Place hors de sa portée les plantes pouvant être toxiques (comme le lis).

ACHETER UN CHATON

Pour trouver un chat, demande à des amis qui en ont un et qui connaissent peut-être des chatons à caser.

Tu peux aussi t'adresser à un refuge ou à un vétérinaire. Si tu veux un chat de race, recherche un éleveur réputé membre d'un club de chats de race, en fonction de ce que tu souhaites. Ne va pas voir plusieurs chatons le même jour afin d'éviter les risques de contamination.

Quel chaton choisir ?

Il peut être bon de voir d'abord la portée et la mère. La personnalité et le comportement de celle-ci te donneront une idée de ce que deviendra ton chaton. Prends ton temps pour choisir. Mieux vaut peut-être préférer celui qui vient vers toi sans crainte à celui qui a l'air apeuré dès que tu t'approches de lui.

Si tu fais ton choix dans une portée, demande à prendre chaque chaton dans les bras pour voir avec lequel tu te sens le mieux.

VOICI QUELQUES QUESTIONS IMPORTANTES À POSER AU MOMENT DE CHOISIR...

Est-il en bonne santé ?

Il doit être vif et joueur. Ses yeux doivent briller et non être larmoyants. Il doit avoir un poil propre et lustré qui ne doit pas être plus fin ni manquer à certains endroits. Il n'a pas la diarrhée, ni des taches noires ou du cérumen foncé dans les oreilles (symptôme de la gale auriculaire).

Quel âge a-t-il ?

Mieux vaut l'adopter quand il a entre 12 et 16 semaines. Il sera sevré et assez indépendant pour quitter sa mère. Si tu achètes un chaton de race, il restera chez l'éleveur jusqu'à l'âge de 13 semaines.

À quelle nourriture est-il habitué ?

Demande comment on l'a nourri et combien de fois par jour, et donne-lui la même chose pendant les deux premières semaines. Modifie progressivement son alimentation.

A-t-il été vacciné ?

L'éleveur te donnera son certificat de vaccination signé par un vétérinaire.

A-t-il un pedigree ?

Un chaton de race doit avoir un pedigree indiquant sa date de naissance et sa généalogie.

Est-il propre ?

Demande s'il sait se servir d'un bac à litière et quelle est sa litière ?

Est-il habitué aux gens ?

Si ta maison est bruyante et animée, vérifie qu'il s'y sentira bien.

Passe du temps avec le chaton choisi et pose des questions à l'éleveur avant de l'emmener chez toi.

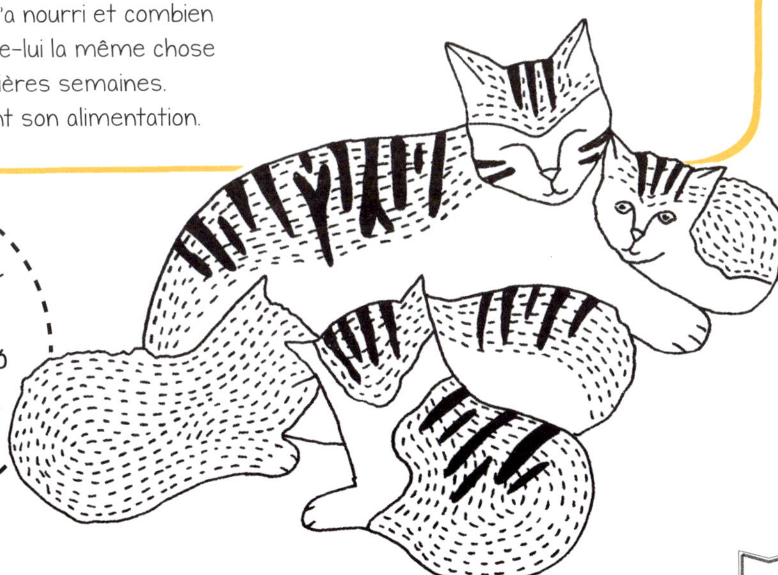

RAMENER TON CHATON À LA MAISON

Le voyage

Si tu es en voiture, cale bien la cage pour qu'elle ne tombe pas. Ton chat risque de pleurer car il trouvera étrange d'être dans une voiture. N'ouvre pas la cage pour le rassurer. Il risque de paniquer et de bondir dehors. Parle-lui plutôt sur un ton apaisant.

À la maison

Attends un petit moment avant d'ouvrir la cage. Puis sors-le doucement et laisse-le trouver son bol d'eau, son panier et son bac à litière (mets-lui la litière à laquelle il est habitué).

Il sera nerveux. Laisse-le donc explorer les lieux. Reste assis à l'observer. Il peut courir se cacher. Sois patient et attends qu'il réapparaisse. Garde-le 1 ou 2 jours dans la même pièce avant de le laisser s'aventurer dans le reste de la maison.

Une bonne nuit de sommeil

Ton chat peut se sentir seul les premières nuits. Alors place dans son panier une bouillotte et un réveil au tic-tac paisible bien emballés. Ils lui rappelleront la chaleur et les battements du cœur de sa mère.

Sa socialisation

Une fois ton chaton reposé, présente-le à sa nouvelle famille. Tout le monde s'assoit par terre et ne le touche que s'il s'approche. Caresse-le toujours en partant de la tête, puis le long de son dos (certains chats n'aiment pas qu'on leur chatouille le ventre).

Les semaines suivantes sont très importantes. Il apprend à te connaître et à te faire confiance. Fais preuve de patience et de douceur et ne crois pas qu'il va jouer tout le temps. Les chatons dorment beaucoup. Parfois, il somnolera presque toute la journée.

Le prendre dans les bras

La meilleure façon consiste à glisser une main sous son corps, juste entre ses pattes de devant, et à le faire asseoir sur ton autre main. Ne le saisis ni par la peau du cou, ni en mettant les mains autour de son estomac, et encore moins par la queue.

JOUER AVEC TON CHATON

Jusqu'à 5 mois, ton chaton passe presque tout son temps à jouer, une fois éveillé. Ainsi, il apprend à connaître le monde qui l'entoure.

Jouer avec lui ou le regarder faire est amusant. Même une fois adulte, il jouera par moments. Pour lui, comme pour nous, faire de l'exercice lui permet de rester en forme.

Des jouets partout !

Donne-lui pelotes de laine, jouets mous, balles en papier ou journaux froissés. Il saura d'ailleurs se trouver tout seul d'autres jouets ! Veille toutefois à ce qu'il ne s'amuse pas avec un objet pointu ou petit, car il risque de l'avaler.

Attention à ce qu'il ne prenne pas un bout de fil ou de laine auquel une aiguille est accrochée !

Amuser ton chaton

Les chats peuvent s'ennuyer. Pour intéresser le tien, change ses jouets tous les 2 ou 3 jours. Frotte-les avec une herbe spéciale appelée herbe-à-chats, il adorera ça !

Stimuler son instinct de chasseur

Les chats sont par nature des chasseurs. Quand un chaton joue, il feint de chasser ou de se battre. Il suffit de laisser pendre quelque chose devant lui pour qu'il essaie de l'attraper. Il anime ses jouets en leur donnant des coups de patte et en les faisant bouger afin de pouvoir les poursuivre comme il le ferait avec une proie.

ÉDUQUER TON CHATON

Tu peux apprendre les bonnes manières à ton chaton dès son plus jeune âge.

Il est dur de modifier les habitudes d'un chat adulte. Il faut donc s'atteler tôt à son éducation. Le chaton n'a pas conscience de faire quelque chose de mal et ne comprend pas le sens d'une punition. Ton rôle n'est donc pas de le punir, mais de lui faire acquérir de bonnes habitudes.

Lui interdire certains lieux

Ton chat n'a pas le droit d'aller dans certains lieux, comme les placards où il risque d'être enfermé, ni de sauter sur une table où il y a de la nourriture. Il doit apprendre que ces endroits sont interdits.

Chaque fois qu'il va dans un lieu interdit, fais-le sortir en le prenant dans tes bras. Siffle et dis-lui « non » avec fermeté. N'en fais pas trop pour ne pas l'effrayer. Il faut juste l'inquiéter un peu.

Ne pas faire ses griffes sur les meubles

De même, tu dois lui apprendre à ne pas griffer les meubles et les tapis. Il aura cependant besoin, comme tous les chats, de faire ses griffes pour les garder en bon état. Le mieux consiste à lui offrir un griffoir assez solide et haut pour qu'il puisse s'étirer de tout son long en le griffant.

L'usage du bac à litière

Place son bac à litière assez loin de sa gamelle et de son bol d'eau, dans un lieu calme et sûr. Il a besoin de se sentir protégé et à l'abri des regards quand il fait ses besoins. Ton chaton doit apprendre que le bac à litière est le seul lieu réservé à cet effet. S'il va ailleurs, prends-le dans les bras en sifflant et ramène-le jusqu'au bac. S'il a souillé un endroit incongru, nettoie avec des gants en caoutchouc. Vaporise du vinaigre dessus pour neutraliser l'odeur afin qu'il ne recommence pas dans ce lieu.

Si tu veux que, plus tard, il sorte pour faire ses besoins, mélange un peu de terre avec sa litière et laisse le bac près de la porte. Quand il est assez grand pour sortir, pose le bac dehors et laisse-le là jusqu'à ce qu'il ait trouvé de meilleurs lieux dans le jardin.

PETITES ASTUCES

- Sois constant : ne l'empêche pas un jour de sauter sur la table en le lui permettant le lendemain.
- Ne le frappe pas. Il ne comprendra pas et tu peux lui faire mal.
- Ne le gronde pas une fois que la bêtise est faite. Il vaut mieux le prendre sur le fait.
- Il ne fera pas ses besoins dans un bac sale. Change la litière souillée avec une pelle et nettoie le bac régulièrement.
- Porte des gants en caoutchouc et lave-toi les mains après. Les déjections des chats sont très nocives.

LE LANGAGE DU CHAT

Comme nous, les chats n'ont pas tous la même personnalité ni la même humeur. Plus tu passeras de temps avec le tien, mieux tu comprendras son langage corporel. Bientôt, il pourra dialoguer avec toi sans dire un mot !

Détendu

Ton chat est vraiment détendu quand il est assis ou couché et ronronne, les yeux à moitié clos.

Amical

Tu vois s'il est cordial à ses oreilles en avant, ses moustaches en éventail et sa queue verticale. Il miaule parfois amicalement.

Joueur

Si ton chat se roule par terre avec la queue recourbée, les oreilles tournées vers l'avant et les moustaches en éventail, il est probablement prêt à jouer.

Agacé

S'il agite sa queue de façon saccadée, s'il a les oreilles repliées vers l'arrière et les pupilles dilatées, il est irrité.

Agressif

S'il a les oreilles aplaties, le dos arqué, le poil hérissé sur le dos, la queue raide, les pupilles dilatées, et s'il souffle ou grogne, il est prêt à se battre.

MIAAAOU !!!

Ton chat peut émettre une grande diversité de sons qui auront tous une signification.

- Miaou : il peut vouloir dire « bonjour », « donne-moi à manger » ou « ouvre la porte ».
- Ronronnement : il est content et satisfait.
- Grognement ou feulement : il est en colère ou a peur.
- Hurlements et gémissements : il est anxieux, peut-être parce qu'il est coincé dans un placard ou qu'il souffre. S'il n'a pas été stérilisé (voir page 30), il peut s'agir de sons émis pour l'accouplement.
- Cris courts et aigus : assis sur le rebord d'une fenêtre, il observe des oiseaux ou d'autres animaux dehors. Ces cris peuvent exprimer l'excitation ou la frustration due à l'impossibilité de traquer une proie potentielle.

Apeuré ou effarouché

Un chat nerveux ou effarouché a la queue basse, et les oreilles et les moustaches aplaties. Il peut aussi souffler ou grogner.

LES SORTIES À L'EXTÉRIEUR

Ton chat aime autant l'intérieur que l'extérieur. À la maison, il profite du confort et de la compagnie des hommes. Dehors, il redevient un chat sauvage : il chasse, défend son territoire et se prélasse au soleil.

Quand ton chat peut-il aller dehors ?

Tu dois garder ton chaton à l'intérieur pendant deux semaines après ses premiers vaccins (généralement quand il a 13 ou 14 semaines). Si tu veux qu'il découvre le jardin, sors avec lui pendant les premiers mois et reste à ses côtés. Il ne doit pas sortir seul tant qu'il n'a pas été stérilisé (page 30), à l'âge de 5 ou 6 mois.

Chatières

Tu peux choisir de faire installer une chatière chez toi pour lui permettre d'aller et venir à son gré. Attire-le avec de la nourriture pour lui apprendre à l'ouvrir. Pour empêcher d'autres chats d'entrer, tu peux choisir une chatière qui reconnaît la puce électronique de son collier.

Chat chasseur et bagarreur

Si ton chat rapporte un animal qu'il a attrapé, ne te mets pas en colère. Il obéit à un instinct naturel. En t'apportant sa proie, il montre qu'il se sent un membre de ta famille. La plupart des chats luttent pour leur territoire, le marquent et le défendent farouchement. La meilleure façon de mettre fin à une bagarre consiste à frapper dans ses mains et à faire beaucoup de bruit.

Chat perdu

Certains chats ne retrouvent pas leur chemin. Si c'est le cas, signale sa disparition avec des affiches avec la mention « chat perdu » et alerte les refuges. Ne désespère pas : des chats sont retrouvés au bout de plusieurs mois.

Tu peux lui mettre un collier avec ton numéro de téléphone ou un collier à libération rapide qui se défait facilement si ton chat est bloqué. Toutefois, il est préférable de demander au vétérinaire de lui implanter une puce électronique d'identification pour qu'on te le ramène s'il est perdu.

Précautions à prendre

Certains gardent leur chat à la maison la nuit car il risque de se battre avec d'autres chats ou de se faire écraser. Si tu habites près d'une route très empruntée, rentre ton chat à la maison. Tu peux aussi lui mettre un collier fluorescent.

NOURRIR TON CHATON

Au départ, tu dois lui donner la même nourriture que celle à laquelle il avait droit chez l'éleveur pour ne pas perturber sa digestion.

Si tu veux changer son alimentation, fais-le par étapes sur 10 jours. Augmente chaque jour les proportions de nouveaux aliments en les mélangeant à ceux absorbés jusque-là.

Les chatons ont de petits estomacs : il faut les nourrir peu mais souvent. Comme ils brûlent trois fois plus de calories que les adultes, ils ont besoin d'aliments spéciaux. Une nourriture de bonne qualité contient tous les nutriments nécessaires, sous forme humide (en boîtes ou pochons sous vide) ou sèche.

Il est dur de dire la quantité exacte de nourriture dont il a besoin, car tous les chats diffèrent. Suis le guide d'alimentation figurant sur le paquet. Si ton chaton ne finit pas son repas, diminue les quantités. S'il a faim, il te le fera savoir.

Place toujours sa gamelle au même endroit et nourris-le à heures régulières car les chats aiment la routine. Choisis un lieu calme, éloigné de son bac à litière. Ne le distrais pas quand il mange et enlève la nourriture humide laissée une demi-heure après.

LA FRÉQUENCE DES REPAS

- Jusqu'à 4 mois (après le sevrage) : 4 repas par jour
- Entre 4 et 6 mois : 3 repas par jour
- À partir de 6 mois : 2 repas par jour

Nourrir un chat adulte

Une fois que ton chat est grand, c'est-à-dire à environ 1 an, donne-lui de la nourriture pour chat adulte.

À l'âge de 7 ou 8 ans, ton chat risque de devenir moins actif. Ton vétérinaire peut alors te conseiller de lui donner de la nourriture destinée aux chats âgés.

L'eau

Laisse-lui toujours un bol d'eau, surtout s'il a des croquettes. S'il n'en veut pas, verse l'eau dans un bol plus grand. Certains chats n'aiment pas que leurs moustaches effleurent les récipients. Ne lui donne pas de lait, cela provoque des diarrhées.

Choisis une marque d'aliments de bonne qualité convenant à ton type de chat.

Friandises

La plupart des friandises sont destinées aux chats adultes, pas à un chaton. Tu peux lui en accorder une de temps à autre pour renforcer les liens qui existent entre vous, mais vérifie qu'elle lui convient. Certaines peuvent être dangereuses, comme les oignons, le chocolat, les raisins frais et secs.

LE TOILETTAGE

Les chats aiment être propres et les chatons apprennent très vite à faire leur toilette.

Le toilettage permet d'établir des liens étroits avec ton chat et de vérifier qu'il est en bonne santé. Commence à t'en occuper dès son plus jeune âge pour qu'il apprécie ce moment. D'abord, caresse-le gentiment, puis brosse-le doucement une fois qu'il est détendu.

Les éléments à vérifier

Le toilettage est l'occasion de détecter les grosseurs, les bosses ou les blessures à peut-être montrer à un vétérinaire. Vérifie aussi si l'intérieur de ses oreilles est propre, si ses griffes ne sont pas fendues ou trop longues et s'il ne souffre pas de dépilation. Sinon, il faut des soins.

Boules de poils

À certains moments de l'année, ton chat mue et perd des poils. Tu dois alors bien le brosser pour qu'il n'en avale pas trop. Les poils risquent de former des boules dans son intestin et de provoquer une occlusion.

Les chats à poil long

Une robe à poil long nécessite un brossage et un peignage réguliers, si possible quotidiens. Élimine d'abord les nœuds avec un peigne à larges dents. Saupoudre-les de talc, démêle-les avec tes doigts et brosse tout le pelage. Pour ôter les poils tombés, brosse à rebrousse-poil. N'utilise jamais de ciseaux pour retirer ceux qui sont emmêlés, car tu risques d'entailler la peau de ton chat.

Les chats à poil court

Presque toute l'année, ce genre de chat ne nécessite pas de toilettage, mais brosse-le parfois pour ôter les poils perdus et garder sa peau saine. Quand ton chat mue, brosse-le régulièrement contre les boules de poils, délicatement, avec une brosse douce, de la tête à la queue, en faisant attention à la zone près de la tête.

GARDER TON CHAT EN BONNE SANTÉ

Voici des éléments à vérifier pour t'assurer que ton chat se porte bien.

S'il a l'air en mauvaise santé, ne mange pas, a la diarrhée pendant plusieurs jours, va chez le vétérinaire. Même s'il semble aller bien, montre-le à un vétérinaire une fois par an pour un bilan de santé et pour le faire vacciner.

SIGNES DE MALADIES

Surveille ces symptômes qui sont souvent révélateurs :

- Perte d'appétit
- Soif accrue
- Maladie
- Diarrhée
- Constipation
- Poil terne et « piquant »
- Difficultés respiratoires
- Yeux ternes ou larmoyants
- Écoulement nasal
- Toilette négligée

Le vétérinaire te montrera comment nettoyer ses oreilles et tailler ses griffes.

Vaccination

Ton chaton doit être vacciné contre l'herpès virus félin (FHV) et d'autres maladies. Il lui faut deux injections à quelques semaines d'intervalle (à 9 et 12 mois) et un rappel annuel.

Blessures

Si ton chat est blessé après s'être battu, nettoie sa plaie avec de l'eau chaude (bouillie puis refroidie) un peu salée. Va chez le vétérinaire qui examinera la blessure pour voir s'il n'y a pas une infection et s'il faut lui faire des points de suture si besoin.

Vers et puces

Les vers sont de minuscules parasites vivant dans l'intestin. Donne à ton chat un vermifuge tous les 2-3 mois et demande au vétérinaire lequel choisir et quand le donner.
Traite régulièrement ton chat contre les puces même si tu crois qu'il n'en a pas. Prends un traitement chez un vétérinaire plutôt que dans une animalerie.

Maladies graves

Ton chat peut tomber gravement malade ou avoir un accident et beaucoup souffrir. Le vétérinaire peut te conseiller de le faire piquer pour abréger ses souffrances. Il lui fera une injection pour qu'il meure sans douleur en dormant. Cette décision peut être l'une des plus difficiles que tu auras à prendre, mais ce sera peut-être mieux pour ton chat.

DE NOUVEAUX CHATONS

Choisir d'avoir des chatons

Si tu veux que ta chatte ait des petits, attends les périodes de l'année où elle est « en chaleur » et peut être fécondée. Elle risque de devenir agitée et d'émettre des plaintes pour attirer des mâles. Si tu as une chatte de race et si tu veux que ses chatons le soient aussi, tu devras trouver un mâle de même race.

Ne la laisse pas sortir quand elle est en chaleur, sinon elle s'accouplera avec un chat de gouttière.

La stérilisation

Tu dois décider de faire stériliser ta chatte avant qu'elle ait 6 mois. Il s'agit d'une opération simple qui l'empêchera d'avoir des petits.

Un mâle non castré a tendance à vagabonder en quête d'une femelle et à se bagarrer avec d'autres mâles. Il émet fréquemment des jets d'urine.

Une femelle non stérilisée peut avoir trois portées par an, avec chaque fois cinq ou six petits !

Les soins à apporter à une chatte en gestation

Si ta chatte est pleine, va chez le vétérinaire pour vérifier que tout va bien. La gestation durera 9 semaines. Elle mangera plus : augmente peu à peu ses rations. Elle aura besoin de nutriments supplémentaires, alors donne-lui progressivement de la nourriture pour chaton.

La naissance des petits

Bien avant de mettre bas, ta chatte se met en quête de l'endroit idéal. N'oublie pas de bien fermer les placards et les tiroirs ! Dans un endroit calme et chaud, place quelques cartons recouverts dans le fond de journal et de couvertures. La plupart des chattes mettent bas sans problème et préfèrent être seules. Une fois nés, les petits se nourriront de son lait.

Ta chatte doit manger beaucoup pour avoir du lait. Quand les chatons ont 2 jours, tu peux commencer à les caresser, mais avec un seul doigt. À 2 semaines, tu peux les prendre dans les bras quelques minutes par jour. À 4 semaines, ils sont plus aventureux et tu peux jouer avec eux. Profite de cette période durant laquelle ils explorent le monde qui les entoure !

Joue 5 minutes au maximum avec un chaton tant qu'il n'a pas quitté la boîte où il est né.

INDEX